무명 시인

무명 시인

초판 1쇄 인쇄 | 2020년 04월 05일
초판 2쇄 인쇄 | 2020년 10월 16일
지은이 | 김영기
펴낸이 | 이승훈
펴낸곳 | 해드림출판사
주 소 | 서울 영등포구 경인로82길 3-4(문래동1가 39)
센터플러스빌딩 1004호(우편07371)
전 화 | 02-2612-5552
팩 스 | 02-2688-5568
E-mail | jlee5059@hanmail.net

등록번호 제2013-000076
등록일자 2008년 9월 29일

ISBN 979-11-5634-399-8

무명 시인

90대 노모가 그리고 아들이 쓰다

김영기 시집

해드림출판사

어머니의 꽃

세월은 점점 가속도가 붙어 내 나이 어느새 칠십을 달리고 책과의 인연이 멀어진 지 오래, 한 줄의 글쓰기도 미력했던 나에게 힘과 용기를 준 것은 구순을 넘긴 어머니와 어머니의 그림이었습니다.

방바닥에 엎드려 그림을 그리는 어머니의 굽은 허리가 너도 할 수 있다고, 늦지 않았다고 나를 부추겼고 한 잎 한 잎 꽃 마음을 주워 담은 듯 달력 뒷장에 그려진 93세 어머니의 꽃에서는 향기가 났습니다.

형제들과 나 자신에게 소중하고 알찬 선물이 되리라는 믿음으로 어설프고 미약한 글이지만 용기를 내어 어머니의 그림과 함께 책으로 엮어 봅니다.

미안하다 하면서도 활짝 웃으시는 어머니를 보니 행복합니다.

할 수 있을까 망설이고 주저할 때 힘을 실어 준 취명헌의 '강나루시공부방' 문우님들께도 깊은 고마움을 전합니다.

2020년 봄

목차

2.

3.

4.

1.

무명 시인

家和萬事成
가정이 항상 편안하고
모든일이 잘되기를 기원한다
첫 시집 출간을
축하한다
엄마 吳淑彩

구십이 훌쩍 넘으신 어머니
몽당연필로
달력 뒷장에 그림을 그리신다

목화처럼 점점이 이어지는
까만 기억
갈래머리 소녀도 그리시고
어린 날 가 보았다는
대흥사 대웅전도 그리셨네

큰딸이 사다 드린
색연필 한 다스
봄꽃 피기 시작한 달력 뒷장
종일
때로는 밤새워 그리신
어머니의 꽃마음

끄적여 놓았던 글 사이사이
자랑스럽게 향기 입혀
시집을 엮는 못난 아들

튕기지 마

어느새
우리들의 나이 칠십
잘 있나? 보고 싶네, 라고
말해줄 친구 흔치 않네

마음 나눌 친구 몇 안 남아
전화 한 통화도 이제는
참 고마운 일

늙은 성깔 쓸데없으니
툴툴거리지 마시게
마음이 허해서 전화할 때
목소리만 들어도 위로가 되도록

기다려 주지 않는 세월

자주 봐야지

시간 없다 하지 말고

볼 수 있을 때 또 만나세

갈무리

마을 입구 배꼽마당
수북했던 볏단들이
알곡만 툭툭
탈곡기에 털어내고
파란 하늘 구름처럼
가벼워진다

어수선한 내 마음도
볏단처럼
탈곡기에 요리조리 돌려
털 수만 있다면
실없이 웃고 서 있는
허수아비가 될 수 있으련만

시

쓰다가 지우고
썼다가 지우고
남은
한 글자

농주 심부름

몸무게만큼 무거웠던
큰 주전자
뒤뚱거리며
좁은 논둑길 새참 심부름

어른들이 힘들 때
분명 이것을 마신다고 했다
뚜껑으로 몇 번쯤 마신 뒤
아직도 그 기억은
씁쓸했다는 것뿐

처음
농주 맛을 보던 날
우리 집 노란 주전자는
그때부터

찌그러졌는지 모른다

인사동 노숙자의 소확행

한국문화 관광코스 구간
수많은 발길이
머뭇거리는 거리

그 많은 인파들이
자동문처럼 비켜서고
인사동 스타일 노숙자 한 사람

남의 것을 내 것으로 접목 시킨
첨단 유행의 패션모델처럼
볼거리 많은 골목으로 워킹

우아하게
빈 박스를
주섬주섬 안고 간다

쓸쓸한 고향

해가 지면
집집이 피어나던 연기
아궁이는 이미 유물 되고
텅 빈 굴뚝만 우두커니

해 지는 줄 모르고 뛰어놀던 골목
어쩌다 만난 낯선 얼굴
눈인사로 어색함을 감추는
나는 이방인

인사차 들른 마을회관
반갑게 맞아주시던 어르신의
한숨 섞인 말씀

"우짤라고 애기들도 없고

젊은 것들도 없는디
늙은이들만 오래 사는지
모르것다”

봉지 커피

종이컵에 툭 털어놓고
따뜻한 물 70CC
부어 마시는
박사님들이 만든 달달한 맛

가끔은 배고픔을 잊게 하는
마약 같은 힘
12g의
여유와 작은 행복

1단지 숲속마을

밤새
무슨 바람이 불었기에
아파트 창틀에 낀
나뭇잎 하나
파르르 떨며 아침을 깨웠다

회오리바람이 불었나
중얼거리며
나뭇잎을 털고 나니
창밖에
텅 빈 공원 숲이 보인다

여름내
이웃사람들의 마실 방이었던
숲속 벤치 위에

색 바랜 나뭇잎만 쌓이고
산책 나온 옆집 할머니
가을을 이고
아파트 숲속으로 들어 간다

감춰진 마음

깊이 있어 봐야 무게일 뿐이고
비우고 비워도 못 비워
애타는 것을

다만
깊어서가 아니요
꺼내버리지 못할 뿐이라

그러므로
더 오래 볼 수 있을지
그 누구도 몰라

가을빛

눈으로 헤아릴 수 있을 만큼
가지 끝에 남은 단풍잎
세월이 가는 길목이라
눈에 담고 가슴에 채우다가

더덕더덕 신발 가득
만추의 몸뚱이로
들어선 카페
좁은 의자에 비비고 앉아
창밖을 보며
시간을 잃어버린 사람들

가만히 찻잔 받침으로 놓아준
단풍잎 하나
커피 향보다 진한 그 마음

아랫마을로 데려오는

고운 빛 하나

무화과

꽃을 찾아 날아온 나비 한 마리
눈치만 살피다 날아갔지

멀리 날아가 버린 나비는
알고 갔을까
파란 이파리 늘어져
가지를 덮고 있었던 까닭을

아무도 몰래 가슴속에 숨겼다가
다- 익어서야 피어난

한 송이 꽃

가난하지 않아

공원 의자 위에
단출한 음식이 차려진다
봉지 속에 무슨 반찬 들어있기에
파란막걸리 한 병이 지키고 있을까

따뜻한 국그릇이 있어야 할 자리
물 한 모금으로 하루를 헹구고
손에 꼬이는 나무젓가락이
먼저 맛을 보는 시간

펄럭거리는 봉지 위로
식당 문 빼꼼 열고 담아 내주던
따뜻한 얼굴들이 스쳐가나
꽉 다문 입술이
잔잔히 떨린다

늦은 밤 노숙자의 저녁
허기짐이 안주가 되어
한잔 들이켜면
누구도 부럽지 않은 만찬
저만하면 진수성찬

건배

잊힌 줄 알았던 이루지 못한 꿈
쓰디쓴 독배를 느끼고 있을 겨를도 없이

또 다른 시간 속에 동승해야 했던 젊음
꿈은 이루지 못했지만 결코, 실패는 아니다

오늘은
세워야 할 목표가 아닌
지금의 나를 위해

명약

한세상 살아가는 길이
곧을 수만 없는 듯
우여곡절을 딛고 살아온 사람이
누군가?
견딜 수 없을 만큼 아팠던 고통

진정 마음으로 울어내
말끔히 씻을 수 있는 약이 되고
내면을 정화시켜
또다시
새로운 설계서를 쓰게 하는
눈물

고로쇠나무

겨울 밑
때 이른 봄을 길어 올린다
해마다 입은 상처
올봄도 속수무책
시린 옆구리를
무자비한 드릴에 맡겨버린

뚫고 또 뚫고
수액 연결관이 꽂히고
가지에 오르지 못하는
한 방울의 아픈 시간이
밤새 흐른다
초근목피 그 시절
어머니의 흐느끼던 통곡을 닮은

2.

무관심

언제 들어도 시끄러운
이명
긴 밤 속삭임도 익숙하게
선잠 깨어난 아침

창문에 매달린 그림자
매미 한 마리
밤새도록 기를 쓰고
울었건만

아!
나에게는
이미 귓속 깊이 울던
그 매미였을 뿐

그것이 뭐기에

샤워하던 손주 놈
눈치가 이상하다
도둑이 제 발 저리다고 했나
양치질하는 할애비를
고개를 쭉 빼고
빤히 쳐다본 게 한두 번이
아니다
"뭘 보니?"

냉큼
물속에 얼굴만 숨긴다
급히
가글한 입 닦고
돌아서는데
어느새

물에서 나온 녀석이
“뭐야 하야부지 에퉤 해봐”

깜짝 놀라
손바닥으로 입을 막고
“아무것도 아니야”
말하려는 순간
작은 손을 내 입에
쑥 넣는다
“아 해봐”
오늘은 더 궁금했는지
필사적이다

지 할머니에게도 보여주기 싫은
오복 중 하나

결코 보여주고 싶지 않은
“할아버지 자존심이야”
말하고
치즈 한 장으로 달래보는데
어휴-
막무가내 내놓으라고 떼쓰는
손주 녀석의 호기심

꼬박 새워도 좋은 밤

종일 뜨거운 햇볕이
담금질하고 간 강물에
여름밤을 지키려는 듯
식을 줄 모르는 열대야

열기에 버무려진 땀방울
온몸 범벅이 되어
달빛이 흐르는 물에
멱을 감았다

강가 모래 위에
모깃불 피우고 앉아
구름 사이 밝은 달에
얼굴 하나 그렸더니

갑자기 쏟아지는 소나기에
술잔 기울이지 않고도
취할 수가 있었네

어둠은 더 깊어가고
밤새 내려도 좋을 빗소리는
거기 있는 것만으로도
그냥
좋은 시간

까마중

내리쬐던 땡볕이 한낮을 비켜간 오후
들판을 비낀 햇살은 밭고랑에 스며들고

넝쿨마다 가지마다
온갖 곡식 탐스럽게 영글어갈 때
고추밭 이랑에는 빨갛게 불이 났었네

빨간 고추 따랬더니
오이, 가지 따서 담고
고구마 캐다 들키던 날

지청구 한 바가지에
까마중 한 움큼 따 주시며
'하늘이 뿌린 씨앗이라 주인이 없단다'

어머니의 그 말씀

하늘이 뿌린 명약의 텃밭에 서서

안개무곡 1

펜션의 이른 아침
계곡에서 피어오르는 안개가
온통 산을 감싸고 오를 듯
너와집 마당까지 뒤덮고 있었다

기지개를 켜던 손끝을 따라
몸을 휘감고 춤을 추던 너
장난삼아 휘저은 두 팔에
더 크게 요동치며 나를 안고 돌았지

안개는 한참을 너울거렸고
나는 발끝을 살짝!
혹은, 사뿐히 들어 올리며
너를 따라 춤을 추었지

안개무곡 2

짙은 안개가
선녀들의 옷자락같이
능선을 스쳐 하늘로 오를 때
계곡의 신선함이
그대로 펼쳐지는 아침

화단으로 둘러싸인 원두막에 앉아
자연의 멋과 향기에 흠뻑 젖어
두고 온 일상을 잊으려네

파충류가 허물을 벗듯
때 낀 도시의 건물 속에서 벗어나
은은한 자연인으로
살고 싶다

둘레길

풀 섶에
푸드덕 날갯짓 소리
발걸음 멈추고
기웃기웃

고개 숙인 야생화
가만히 두 손 받쳐
코앞으로 당겨오니
향기를 드릴 테니 허리 좀 숙이란다

귀에 익은 벌레 소리
음률도 좋아
차라리
돌부리 베게 삼아 잠들면

바람에 꽃잎 날아와

한 잎 두 잎 이불 되어 덮일까

독백

저 강물도
고였다 흐르기를 반복하고

나뭇잎도
피고 지기를 몇 번인데

한낱 외길 인생
버리지도 내리지도 못하는
세월이란 짐만 등에 지고

또 다시 물어 보네
왜 그리 빨리 가야하느냐고

꾸지람

열세 시간 걸려 도착한 고향
해마다 벌초 때
못 내려온 죄송한 마음으로
피곤함을 감춘 채 성묘길에 오른다

남겨줄 것 없다고 늘
미안해하시던 아버지 산소 앞에
무릎 꿇고
머리만 숙였더니

오늘은
바람 손을 빌리셨나
큰 밤나무가 흔들리고
정수리를 때리며
쏟아지는 지청구 한 바가지

모델료는 누가 주나

참가자 전체가
등산복 전문 모델
워킹 코스가 장거리란다

허름하지만
편한 신발로 갈아 신고
참가하자

허리에는 남방 하나
느슨하게 꼬아 매고
이만하면 나도 코디완성

무대에 들어서니
헤드라이트처럼 스쳐가는
선글라스가 조명을 밝히고

참가자 전원
정해진 식순도 없이
행사장은 온종일 인산인해

자유롭게 무대를 향해
워킹이 시작되는
긴 야외 패션 경연장

무사히 경연이 끝나고
들어선 연회장에서는
주최 인사가 끝나기 바쁘게
'참가비 내십시오'

개 밥그릇

큰딸이 다녀갔다
사람보다 애지중지하는 까미를 데리고
오늘이 열한 번째 생일이란다

가는 길에는
애견용품 마트에 들러
선물도 몇 가지 사서 보내고 돌아왔다

갈증이 나서 물 한 컵 쭉 마시는데
급히 되돌아온 딸내미가
아빠 까미 밥그릇!

내동댕이쳐진 물그릇을 주워들고
아빠 갈게요

뒤도 안 돌아보는 딸의 등 뒤에
고함 소리만

"왜 식탁에다 개 밥그릇을 놔!"

먼 것이 더 그립다

남쪽 바다는 왜 그리 멀었을까

해마다 몇 번쯤 오고가는 고향 길에
고작 몇 분이면 닿는
갯마을 남포리
썰물에 건너가던 작은 바위섬
초등학교 6년 동안 봄 소풍 하던 곳

마을 어귀 돌아 나가면
고깃배가 드나들던 삼십 포구
짱뚱어 뛰고 꼬막 캐던 갯벌은 간데없고
파랗게 벼가 자란 논이 되어
황새가 놀고 있네

무심히 흐른 세월 속에

변하지 않은 것이 있으랴
이미 폐교가 되어버린 초등학교
흔적만 남아 있을 뿐

변하지 않는 것은 그리움인가
저 바다가 멀었던 이유를 이제야 알았네

마음

진작 건져내고
뱉어내야 했을 것들
술잔에 따라 마신다
비우고 가야 할 스트레스를

오늘도
빈 병 끌어안고
다리가 네 개나 달린 의자가
비틀거린다

술병도 비우고 뱃속도 비우니
땅바닥도
뒤집혀 곤두서는데
그래도 꼿꼿하게 남아 있는
내 안의 너는 누구냐

모르지

세상에서 가장 깊은 곳이
바다가 아닐지도 모른다

세상에서 높은 곳도
하늘이 아닐지 모른다

그곳은 너무 가까이 있어
눈으로는 못 보는지 몰라

그냥 끄덕이는 턱밑으로
대략 3센티 그 어디쯤

건망증

현관 밖까지 나갔다
다시 들어와
거실을 죽 한 바퀴 돌아서
우뚝 서 있다

비 오는 창밖을 바라보다가
벽시계로 눈이 가는 순간
다시 일어나 두리번거린다

마음은 바쁜데
무엇을 찾고 있는지
안방 건넌방 베란다
문만 열었다 닫았다

서둘러 신발을 신고

나서려던 순간
신발장 문에 비스듬히 기댄

아! 우산

3.

무언의 약속

_물꼬 지킴이

물이 충분하지 못한 농사철이면
서로 물꼬를 관리하는 일에
천심을 따르며 사는 사람들

긴 한숨으로 묵묵히 버티며
정해진 시간도 없고
정해진 물의 양도 없이
필요한 만큼의 욕심을 하늘에 빌며

저 밑 끝닿는 누군가의 논에도
도달해야만 하는 물줄기
오직, 하늘이 움직여줄 때까지
지켜 가야 하는 농부의 도리

꼭 올 거야

저만큼 자동차 소리가 들리고
혓바닥 길게 뺀
푸들 한 마리 자동차 소리를
바쁘게 쫓아간다

쌩-

자동차는 진즉
산모퉁이를 돌아가고
보이지 않을 때까지 바라만 보던 강아지
행여 돌아올까
쳐다보고 또 쳐다보다
힘없이 몸을 눕히는데

다른 길에서 들려오는

자동차 경적 소리에
고개를 번쩍 들었다
가만히 앞발로 머리를 감싸며
기도하듯 눈을 감는다

일상

산책길에
갑자기 허기가 진다
하는 일 없이
빈둥거리다 보니
배꼽시계마저 고장 난 오후

몸을 공원 의자에 눕혀본다
맑은 공기를 마시며
지그시
눈을 감으니
다람쥐 쳇바퀴 굴리듯
돌아간 하루가 보인다

아침에 눈을 뜨면 어김없이
기다리고 있었던 일

그것은

빠지면 안 되는 또뽑기처럼

매일 뽑아 써도 괜찮았던

백수는 야행성

내일 아침은 뭐 하지
실업자가 얻은 첫 번째 소득
직장에 빼앗긴 시간이 돌아온다

알람이 울리면
얼굴까지 끌어 덮던 이불 속에
굼벵이 같은 내 모습은 없고

시간 잃은 몸뚱이 벌러덩
뒹굴어도
중천에 뜬 해님이
웃으며 지나 가려나

저기 새벽이 오는데
마무리 시간도 잃어버린

거꾸로 시작하는 백수의 하루

방목

몸을 보호해야 하는 옷이
가끔은 불편했다
특히
양복을 입을 때마다
익숙하지 않은 넥타이

문상을 가던 날
넥타이를 들고 고민에 빠진다
장례식장 문화도
이미 편리를 추구하며
변해가는 세상
더는 불편함을 감수하기 싫다

생에 최선을 다하고 가신 망인도
평안한 휴식이 될 수 있도록

나만의 의미 있는
의견서처럼
넥타이를 풀어 던졌다

이방인

밥상머리 뉴스 시간
분명히 대한민국
같은 말
같은 일

사람 따라 다르고
채널 따라 다르고
거기에 귀 기울이는
나는
멀리서 온 사람

비, 가을 어느 날

노고산 자락 장대비가 쏟아진다
그치지 마라 이대로가 좋다

흠뻑 젖어 빗소리에 취하거든
가슴은 폭삭,
사태라도 나버렸으면 좋겠네

눈으로 보고만 있어도 좋은 날
젖어 보라고
적시고 가라고
바람은 사선으로 부리는데

병풍처럼 펴져가는 빗줄기 속
실루엣은 비 오는 날의 연가

기다리는 봄

툭툭 봄비 떨어지는 소리에
겨울 점퍼가 더욱 무겁게 느껴졌다
몇 방울 맞은듯한데
'젖었네'

봄옷으로 바꿔 입어야 할 것 같아
이리보고 저리 보고
장롱만 뒤집어 놓고
'얇으네!'

두꺼운 겨울옷에 다시 눈이 가는데
후두두 빗방울
창문에 들이친다
'이르지?'

성급한 마음이
따사한 봄맞이 그리다
꽃샘추위 마중 나갈 뻔했네
'아쉽다!'

아까 걸어둔 겨울옷 다시 만지니
아직도 손에 닿는 느낌은 포근하다

근시

가까운 곳에 있어서 좋다
같은 공간에서 볼 수 있는 모습이
너의 손길에서 느낄 수 있는
숨결까지
서로의 안부가 되어 좋다

태양처럼 뜨거운 가슴이 있고
초롱초롱한 마음이 별빛처럼 보일 때
눈가에 짓는 웃음까지
말없이 바라볼 수 있어서 참 좋다

산책길

투두둑
새가 날아가는
소리겠지

투두둑, 다람쥐가 놀다 갔나

투두둑, 바람 소리인가

투두둑
아!

걸음 멈춰서야 보았네
가지마다 비운
소리를!

고향 가는 길

언제나 마음이 먼저 떠나는 곳
먼 길
이 몸이 끌려다니기를
수십 년

명절이라는 이유로
항상 변함없는
교통대란

지체되는 시간만큼 지쳐가도
고향 가는 설렘으로
졸음과 싸우는 피곤한 인생길

시인의 마음

책상 앞에 앉아
노트에 점 하나 찍어놓고
'시'라고 읽고 있다

얼마나 지났을까
흐릿한 눈앞에
점 하나가 바위로 변하고

시간이 갈수록
또 다른 점들이 이웃이 되어
흩려있다

자꾸 커지는 바위만 찍고 앉아
마음은 한 줄 읽지도 못한 채
결국, 버려진 종이 한 장

커피 한잔을 들고 창문을
열어 본다
덜컹, 강하게 때리고 가는 바람

비바람이 몰아치고 간 뒤에도
굳게 서 있는
아, 바위의 마음

신기한 명함

조금도 어색하지 않다
서로 주고받는 인사말 몇 마디
금세
조카가 되고 아저씨가 되고
동생인 줄 알았던 그녀가
고모인 사람도 있고
나보다 나이가 한참 아래인
문중 할아버지도 오시는 날

나이야 가라

전국 대종회 총회
조금은 낯설어도
항렬 한 자의 위엄

평생 서열은 가문의 질서가 되고
뿌리의 근원인 것을
“저는
문경공 모산파 재 자 항렬
김영기입니다”

신기하고 재미있는 명함 하나

빈집

한겨울
연못 살얼음 밑으로
폐허가 된 건물의 모습을
본 적이 있다
구조물처럼 얽히고설킨
질퍽한 늪
잎과 줄기가 부식되어가던

화려했던 꽃의 계절은 가고
연자는 익어서 쏟아지고
바람만 가득한
빈껍데기

음주 졸음운전 단속

창문을 내리니
바람이 뺨을 스치고
잊어버린 노래 가사를
또박또박 늘어지게 불러본다

더듬더듬 봉지 속에
오징어 다리 하나 씹다 보니
짭짤한 이 맛에
번뜩, 생각나는 캔 하나

옳거니!
장사도 못 버티는 졸음운전
천근만근 짜리 눈꺼풀
음주 생각이 들어 올렸네

결번

기억에도 있고 수첩에도 있다
휴대폰 카톡에도 뚜렷한 그 번호
보고 싶어 걸었는데
없는 번호라 하네

아!
부르면 대답할 것 같아
지울 수 없는 번호
친구가 남기고 간 그리운 숫자

4.

비문

참신하게 일꾼으로 살아온 칠십 평생
여기저기 부딪혀 틀어진 골격들
이제는 삐걱거리며 아우성치건만

어쩌랴, 아직도 할 일이 남은 삶이라
사우나 냉온탕 담금질로 달래보는 일꾼의 심신

언젠가 나 죽거든
늙어서 죽었다 하지 마오
그저 한 마디 부탁하건대
이제 갈 때가 되어 갔노라고만

위로

뜻밖의 일을 겪고 힘들어했던
친구에게 위로라고
한마디

"자네와 나는 일에 미쳐야 살아"
하고 웃었더니

"실실 웃는 자네가 더 미친 거야
내가 미쳐 버리면
자네가 나를 모를 것이고!"

"자네가 미친 것을 내가 알면
나는 미친 것이 아니지"

"그래 미치자"

"미친 듯이 웃고 사는 거야"

백수의 하루

시간도 잊어라
약속도 하지 마라
오늘이 나를 부를 때까지

바람 불어 구름 흐르듯 지내리라 했는데
반나절도 못 가 울리는 벨 소리

-백수야 전화 받았냐?
-무슨 일 있어?
-친구들이 속초 가자는데

기다린 듯 반가워
-그래! 언제 가는데?

일 때문에 선뜻 나서지 못해봤던 여행이

갑자기 긴 여행에서 돌아온 느낌은
왜 먼저일까

그래도
당연한 듯 불러주는 친구들이 있어
감사한 하루가 시작된다

지키지 못한 약속

전역한 지 어언 사십팔 년
명월리 동네 앞에서
군사도로를 따라
산자락 돌고 돌아들자

깨진 슬레이트 조각이 뒹굴고
지붕인 듯 마당인 듯
푹 내려앉아 잡목만 우거진 모습
그날의 공포가 차갑게 시려온다

혹독하게 몰아치던 한파 속에
경로를 잃고
이동마저 불가능했던 그 날

한줄기 빛처럼 나타났던 외딴집

그 화전민 아주머니 어디 가고
지붕까지 덮어버린 칡넝쿨

비스듬히 떨어진 문짝 넘어
어둠이 보이는 순간
"아주머니!"

나도 모르게 터진 미안한 외침

구절초

마른 풀섶에
계절의 아픔이 숨 쉬니
벌레 소리 몸부림은
섧다 울고

차가운 바람에도
피어나는 풀꽃이여

너 또한,
밤하늘 별빛처럼 걸어두고
그 향기
그리워할 수 있을까

추억 놀이

정상을 향해 한참을 오르다
등산로 옆 계곡을 내려다보니
문득, 생각나는 타잔

머뭇거림도 없이 몸은 이미
나무를 안고 빙그르르 돌아
발목까지 빠지는 낙엽 위로
꽃게처럼 횡단한다

짜릿함을 느끼면서
나뭇가지를 잡고 건너뛰고
풀 한 포기 움켜잡고 조심조심

미끄러지고 오르기를 반복하며
올라온 능선, 배낭을 벗었다

온몸은 낙엽투성이
웃음이 난다
그 옛날을 기억해준 내가 고마워서

편

"아이고
가슴 터져 말이 안 나오네"
동네 미장원에서 튀어나온 아주머니
입에서 육두문자가 주르륵

서로는 서로에게
말이 아닌 욕으로 도배를 한다
오물처럼 퍼붓는 이미 씹다가 뱉은 한마디
"정치가 밥멕여 주냐?"

상식과 합리를 외치다 피를 흘렸던
그 함성이 아닌
저들의 입은 도대체 누구를 위한
추태인가

편도

멀리 온 것 같아 뒤돌아보니
어제는 시간이었고
지나온 세월은 인생이었네

때로는
삶의 무게에 비틀거렸어도
세월이 약이라며 견뎠건만

보상을 받아 돌아올 것 같았던
그 길은
너무 멀리 와버린
초행길

행복한 아침

"어! 039번"
건너편 정류장에 버스가 정차했다
무슨 일인지
버스 움직임이 머뭇거리나 싶은 순간
아차!
나를 기다려주는 배려였네

이럴 때는 발보다 마음이 빠른 나
안절부절못하지만
눈치 없는 건널목 신호등이
아직도 빨갛게 충혈되어 지키고 섰다

기사님께 정중히 인사하고
앉아있는 손님들 시선이 미안해서
"감사한 아침입니다"

꾸벅 절하니
갑자기 뒤쪽에서
“좋아요”

손님 모두가 괜찮다는 표정이었다
기사님의 배려에
웃음으로 하루를 시작 했네

월동준비

톡톡 떨어진 잣송이 마중하듯
쪼르르 달려온 청설모

오색낙엽 밟고 지나가는 사람
발걸음 소리도 아랑곳없이

오물오물 욕심껏 입에 물고
가다 말고 돌아서

먹다 만 잣송이마저 물고 가네

노천카페

반나절
자투리 시간
물병과 봉지 커피
배낭에 담아 메고
낙엽 쌓인 둘레길 돌아서니

껍데기만 수북이 끌어안고
서 있는 밤나무
열매 되어 떨어진 자리
아직도
가시지 않은 향기

세월이야
바라보는 이, 말이 없고
바람과 마주앉아

마시는 커피 맛만

그때 그 맛!

우리 할머니 주사 빼주세요

휠체어에 걸린 링거 수액이
한 방울씩 떨어질 때마다
할머니의 팔을 쳐다보며
아픈 시늉을 반복하는 서너 살 손녀

눈에 넣어도 아프지 않을
고사리 같은 손을 만지작거리는
할머니 눈가에는
아프지 않은 눈물인가

"약 드세요"
간호사가 약을 놓고 돌아서 갈 때
쪼르르 쫓아가서 소곤소곤
꼬마를 번쩍 안은 간호사
"그래그래"

詩作

며칠 만에
써 놓은 글귀 하나
'씨앗은 희망이다'
제목만
달랑

좀처럼
정리되지 않은 미완성

수정하다
그나마 지워지고 남은
하얀 백지

가슴 뚫고
튀어나온

제목 한 줄 붙들고
시가 되어라
노래가 되어라

마음의 꽃

나한테 나쁜 친구가 들어와 있어
그 친구 때문에 내가 좀 아파
웃으며 말 하시던 종조부님

이제야 알았습니다
당신의 아픔까지도 웃음으로 엮어내며
남을 위해서는
희망과 용기를 주고 싶어
최선을 다한 사람

몸에 맞지 않은 옷을 입고
'이게 편해' 하시며 웃던 당신
웃으며 살라 하시던 당신
마디마디 꽃 피듯 그립습니다

잠자리 귀신

귀성길 교통 상황을
드론으로 녹화하고 있었다

“어머 이게 뭐야?”
“응 잠자리 귀신”
“저걸 타고 갈 수 없을까?”

길은 아직 멀고
그때부터 화젯거리가 되어버린 귀신

귀신 씨나락 까먹는 소리는
여전히 멈추지 않고
간신히 목포 톨게이트를 통과하고 있었다

여보, 우리 애들이
잠자리 귀신 타고 고향 올 때쯤은
우리가 먼저 도착할 거야
진짜 귀신이 되어 있을지 모르니까

친구

술자리 끝내야 할 시간
빈 병 치켜들고
"한 병만 더!"
같이 술독에 빠져 죽어도 좋을 친구

마음까지 툭툭 털어놓고도
차마 일어서기 아쉬워
목을 반쯤 꼬고
"잘 가"

그래도 못다 한 얘기에 발목 잡혀
뒷걸음 두 발 앞으로 한 발
"왜 안 가냐 짜샤"
그런 친구
그리운 날 있다

삭풍을 견딘 주목처럼

겨울이 더디 지나는 것 같아도 어느새 완연한 봄입니다. 삭풍도 의연하게 견디는 주목처럼, 절망의 순간에도 자신을 위로하듯 틈틈이 마음의 씨앗을 한 자 한 자 글로 옮겨 놓으며 힘든 시간을 묵묵히 견디시더니 드디어 꽃 피우듯 첫 시집을 내시게 되어 내 일보다 더 기쁨으로 축하의 박수를 보냅니다.

부끄럽다 하시며 멋쩍게 웃으시는 모습이 유난히 순수해 보입니다. 누구나 할 수 있지만 아무나 쉽게 할 수는 없는 일, 어렵게 걸어온 그 길을 잘 알기에 대단하다 말씀드립니다.

바탕에 긍정과 열정이 있고, 시인이 좋아하시는 라떼 향처럼 달달한 감성이 자리한 마음 밭에 어머니가 계시고 가족이 있고 사랑하는 자신이 있어 해낼 수 있었으리라 생각해봅니다.

일상 배려하는 보습과 성실함으로 우리에게 모범이 되시는 김영기 시인님 수고하셨어요. 축하드립니다.

강나루시공부방 글동무 시인
윤옥란

시의 힘

멀리 남쪽에 사는 동무에게서 동백이 피었다, 매화가 피었다 소식이 오면 그때야 '봄이구나.' 하다가 글 동무의 시를 받으면 벌떡 일어나 눈밭에 혹 봄꽃이 피었을까 산길 헤매며 온 몸으로 봄을 찾아다니던 시절로 돌아갑니다.

시의 힘이겠지요? '시'의 구구절절에 감히 언급은 못 하겠습니다. 다만, 책상에 앉아 막연한 그리움만 읊은 것이 아니라 삶의 길 위에서 찾아낸 조각조각이고 한 올 한 올이라는 것을 알아챘기에 경건한 노래로 귀하게 듣습니다.

꽃병 앞에 갈래머리 소녀를 그리시는 93세 어머니

와 여전히 부끄럼타는 소년인 71세 아들 시인이 함께 만든, 이 시대의 귀감이 될 작은 책 한 권이 참 아름답습니다.

두 분의 영원한 청춘을 축하합니다.

강나루시공부방 글동무 시인

안소휘